AF264036

NOUVELLES

IDÉES LIBÉRALES.

PARIS,

DELAUNAY, LIBRAIRE,

PALAIS ROYAL, GALERIES DE BOIS.

1815.

NOUVELLES
IDÉES LIBÉRALES.

Depuis des siècles, de véritables philanthropes, ainsi que des esprits brouillons et séditieux, ont renversé, ou réformé, ou rétabli, et même créé des constitutions politiques. Le plus grand nombre de ces législateurs a voulu le bonheur des peuples; parmi eux, des âmes généreuses ont aimé la liberté, et ont fait les plus nobles sacrifices pour l'établir : comment se fait-il donc que toutes ces constitutions libérales, fondées sur les mêmes idées, proclamées dans les mêmes termes depuis Lycurgue jusqu'à nos jours, se soient successivement écroulées; que l'expérience, loin d'ajouter à leur force, ait toujours démontré que les peuples les plus passionnés pour la liberté ont toujours été les plus turbulens, les plus injustes, et par conséquent les moins heureux? Faut-il en conclure que la liberté est incompatible avec la marche paisible et la stabilité d'un bon gouvernement? Non, sans doute, car la liberté seule peut en assurer le bonheur et la solidité. On dit que les

NOUVELLES

IDÉES LIBÉRALES.

Depuis des siècles, de véritables philanthropes, ainsi que des esprits brouillons et séditieux, ont renversé, ou réformé, ou rétabli, et même créé des constitutions politiques. Le plus grand nombre de ces législateurs a voulu le bonheur des peuples; parmi eux, des âmes généreuses ont aimé la liberté, et ont fait les plus nobles sacrifices pour l'établir : comment se fait-il donc que toutes ces constitutions libérales, fondées sur les mêmes idées, proclamées dans les mêmes termes depuis Lycurgue jusqu'à nos jours, se soient successivement écroulées; que l'expérience, loin d'ajouter à leur force, ait toujours démontré que les peuples les plus passionnés pour la liberté ont toujours été les plus turbulens, les plus injustes, et par consément les moins heureux? Faut-il en conclure que la liberté est incompatible avec la marche paisible et la stabilité d'un bon gouvernement? Non, sans doute, car la liberté seule peut en assurer le bonheur et la solidité. On dit que les idées libérales sont toujours généreuses : oui, mais non comme on l'entend communément, car les choses les plus opposées à la liberté sont l'arrogance qui outrage, la turbulence qui trouble l'ordre, et la violence qui opprime. Tout est calme et majestueux dans les véritables idées libérales, parce qu'elles sont profondément réfléchies, et fondées surtout sur une parfaite équité. Qu'est-ce que l'amour de la liberté ? C'est l'horreur du désordre, de la violence et de l'injustice. Le tyran et l'esclave sont naturellement inquiets et insolens : le premier craint, avec raison, les dangers de son odieuse et fragile puissance ; il croit s'affranchir de ses terreurs en bravant ceux qu'il asservit ; le droit de les mépriser est pour lui une espèce de sauvegarde ; plus il les humilie, plus il se rassure : l'esclave, indigné de son abjection, est remuant par instinct ; il secoue sa chaîne sans espoir même de la briser ; et lorsqu'il veut avec énergie sortir de l'oppression, il ne le peut que par une violente secousse. Tout élan manque de mesure ; l'esclave irrité n'atteint jamais le but : il ne sauroit s'élever à la dignité de son être ; il passe toujours de la servile soumission au dernier excès de l'arrogance. Voilà une des causes des désordres et des cruautés qui accompagnent toujours l'affranchissement des peuples. Une autre cause non moins puissante de ces crimes vient uniquement de l'imprévoyance des chefs de parti et des législateurs. Jusqu'ici tous se sont empressés et se sont bornés à donner aux peuples la *déclaration de leurs droits*. Cette déclaration, fût-elle exempte de flatterie et d'exagération (ce qui n'a jamais été), seroit toujours intempestive. Il faudroit commencer par instruire le peuple de ses devoirs, parce que de nos devoirs seuls dérivent nos droits. Si je m'abstiens d'abuser de ma propre force, je trouverai fort injuste qu'un autre abuse de la sienne avec moi. Ainsi, plus je connoîtrai mes devoirs, plus je serai fidèle à les suivre, plus je haïrai l'oppression, les actes arbitraires, contraires à la raison, à la justice, plus j'aurai des idées nettes sur la véritable liberté sociale, qui n'est autre chose qu'une justice parfaite, rendue également à tous les individus d'une nation. Les emprisonnemens et les exils sans jugement public et dans les formes, les impôts arbitraires, les confiscations, etc., sont des actes évidemment injustes, toute âme généreuse les déteste.

Il seroit à désirer que le préambule de toute

constitution contînt l'énumération rapide, mais
détaillée, des devoirs du peuple. Tout ce qu'il
sait jusqu'à présent, c'est qu'on lui doit tout,
et qu'il ne doit rien. Cela est facile à ap-
prendre et difficile à oublier; la science qui ré-
sulte de cette instruction n'est pas sans incon-
vénient.

On doit désirer aussi que l'on rende à l'autorité paternelle l'étendue qu'elle avoit jadis; la
majorité à vingt-cinq ans valoit mieux qu'à
vingt et un, parce qu'elle prolongeoit l'autorité paternelle. La première révolution, qui bou-
leversa tant de choses, ôta le respect pour la
vieillesse, parce qu'elle annulla l'expérience en
la rendant inutile; nul vieillard n'avoit vu des
choses semblables à celles qui se passoient, l'é-
galité d'inexpérience se trouva établie pour
tous. Chacun étoit neuf, même de souvenirs à
de tels événemens: il n'en est pas ainsi aujour-
d'hui, les pères et les vieillards ont une expérience de révolution que les jeunes gens n'ont
pas. Il seroit donc possible de rétablir le respect
dû à l'autorité de l'âge et aux droits du sang.
Sans ce respect, la jeunesse, arrogante et pré-
somptueuse, s'engagera sans cesse dans de fausses
démarches; il n'y aura plus d'éducation com-

plète, de véritable instruction et de grands ta-
lens; la présomption et l'orgueil en empêche-
ront l'heureux développement, en desséche-
ront tous les germes. L'insubordination dans
les familles amenera les révoltes dans l'état; un
désordre monstrueux, des prétentions préma-
turées et sans bornes, des folies sans nombre,
une effrayante grossièreté, naîtront nécessaire-
ment de cet esprit d'indépendance, causé par le
mépris de l'autorité paternelle; l'urbanité fran-
çoise se perdra dans une impertinence habi-
tuelle de ton, de manières et de conduite. Plus
l'homme est libre politiquement, plus il doit
être restreint et contenu dans les familles: les
Romains avoient droit de vie et de mort sur
leurs enfans, c'étoit trop sans doute; mais il est
certain que la liberté ne doit être donnée dans
sa plénitude qu'à l'homme fait. Il ne l'est pas
avant l'âge de vingt-cinq ans, il ne l'est souvent
que plus tard, il n'est jamais tout ce qu'il peut
être qu'entre trente et quarante ans.

Qu'on établisse donc la liberté sur la con-
noissance de nos devoirs, qui forment nos
droits, et sur des principes religieux, car jamais
la liberté, sans cette base inébranlable, ne réta-

blira la morale, et n'assurera le bonheur et la
prospérité de la nation.

S. F. L.

3 Mai 1815.

De l'Imprimerie de CELLOT, rue des Grands-Augustins.